中国科协科普益民计划
苏州市科普惠民系列丛书

主编 ◇ 纪顺俊

图说
八大新兴产业

TUSHUO
BADA XINXING CHANYE

彩色图文版

古吴轩出版社

《图说八大新兴产业》
编委会

主　任

浦荣皋

副主任

朱国强　纪顺俊　柏京红　张亿锋

委　员

徐　勇　庞　振　裘　迅　陈　嵘　强亦忠
姚建民　陶亦亦　夏金华　晏世雷　封丽娟
沈学玮　范其恢　朱利荣　陆群峰

主　编

纪顺俊

副主编

柏京红　张亿锋

执行主编

徐　勇

策划统筹

朱利荣

绘　画

范其恢

图文处理

陆群峰

序 言

提高全民科学素质是建设创新型城市的基础性工程，也是实现人的现代化的重要途径。当今世界，科技发展突飞猛进，创新创造日新月异。科学普及涵盖天文地理，包罗世间万象，可谓“顶天立地”。“顶天”是指科普工作与高端科技发展前沿相联系，要求我们将深奥的科学原理大众化；“立地”就是说科普工作又与人民群众日常生活紧密相连，要求我们充分做好满足百姓需求的民生科普工作。

“十二五”期间，苏州将围绕“三区三城”建设的总目标，以“建设新城市、聚集新人才、发展新产业”为根本路径，全面实施“创新引领、开放提升、城乡一体、人才强市、民生优先、可持续发展”六大发展战略，着力推进新能源、生物技术和新医药、新型平板显示、智能电网和物联网、以及新材料、节能环保、软件和服务外包、高端装备制造业等八大战略性新兴产业，使新兴产业成为引领全市“十二五”经济发展的强大增长极。预计到2015年，我市战略性新兴产业产值占规模以上工业总产值比重将达到50%。

创新科学技术和普及科学技术是科技工作的两个重要方面。

苏州是全国16个开展创建国家创新型城市的试点城市之一，也是中国科协“社区科普益民计划”6个试点城市之一。大力推广引领新兴产业发展的现代科技，广泛宣传支持新兴产业发展的各项政策，深入普及涉及新兴产业发展的科学知识，对于广大人民群众及时掌握最新的科技知识，进一步认知新产业、感受新产业、支持新产业、参与新产业，具有十分重要的现实意义。今天，苏州市科学技术协会编辑出版了《图说八大新兴产业》科普画册，全面普及八大新兴产业的相关知识，展示现代新兴产业蓬勃发展的全貌，为我市推进转型升级、发展创新型经济营造良好的氛围。

《图说八大新兴产业》画册集专业性和科普性于一身，融时代性和实用性于一体，针对我市未成年人、城镇劳动者、农民、领导干部和公务员、社区居民五大科普群体，以生动活泼的漫画形式和通俗易懂的大众语言，深入浅出地阐述了我市发展新兴产业的相关知识，帮助他们在短时间内了解高新技术的发展，扩大知识面，对于我市提高全民科学素质必将起到十分重要的作用。

苏州市人民政府副市长
苏州市全民科学素质工作领导小组组长

目 录

叁 ◇ 新材料产业

肆 ◇ 生物技术和新医药产业

伍 ◇ 节能环保产业

陆 ◇ 软件和服务外包产业

壹 ONE

世界新兴产业

SHIJIE XINXING CHANYE

国际金融危机正在推动着世界经济结构的大调整，引发了抢占新的科技制高点的大竞赛，并最终将催生具有强大发展推动力的战略性新兴产业。这已经成为当今国际社会应对金融危机、实现经济社会可持续发展的共同选择。任何一个国家要把握时代发展脉搏，不与新科技革命失之交臂，就必须密切关

注和紧跟世界经济科技发展的大趋势，大力发展培育战略性新兴产业，在新的科技革命中赢得主动，有所作为。

——摘自亚太总裁协会（APCEO）
《2010世界新兴产业发展报告》

1. 世界新兴产业

随着世界各国不断加强科技创新和积极发展新兴产业，全球即将进入以知识为基础、以资讯和生物科技为主导，以新能源、新材料、微电子、生物科技、通信、电脑、机器人等为主要内容的创新密集的产业振兴时代。新一轮新兴产业革命将改变人类生产和生活方式，推动全球形成新的产业链及新的市场，成为推动世界经济发展的主导力量。

2. 世界新兴产业的特征

世界新兴产业具有如下特征：(1)创新性；(2)成长性；(3)风险性；(4)地域性；(5)国际性；(6)对科学技术的依存性。

3. 世界新兴产业的分类

根据产业特征可划分为以下三种类型：

第一类型是新技术产业化形成的产业；第二类型是用高新技术改造传统产业而形成的新产业；第三类型是基于不同产业融合形成的新兴产业。

4. 世界新兴产业的五大发展方向

（1）以现代网络、物联网为代表的高新技术的发展。

（2）以胚胎干细胞、转基因技术为代表的医药、农业等高新技术的发展。

（3）以太阳能和生物质能转换技术为代表的新能源技术的发展。

（4）以新材料为代表的高新技术的发展。

生物技术

信息技术

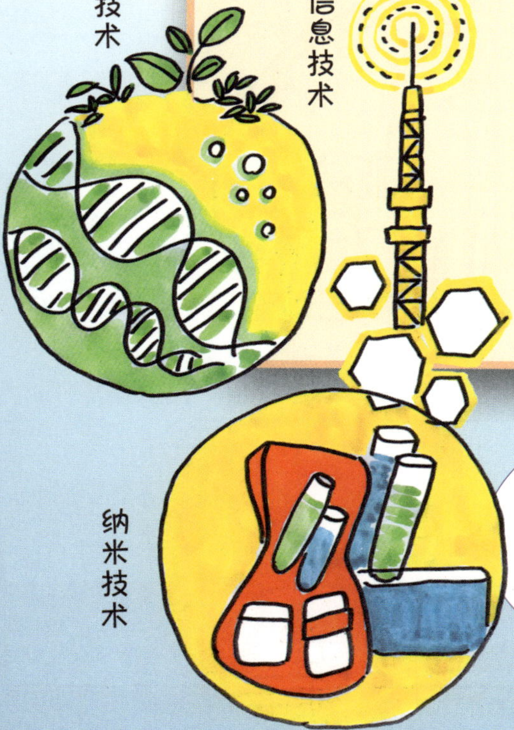

（5）以信息技术、生物技术、纳米技术、低碳技术为代表的高新技术的发展。

纳米

纳米（符号为nm）是长度单位，原称毫微米，就是10^{-9}米（10亿分之一米），即10^{-6}毫米（100万分之一毫米）。

5. 新一轮科技革命的两大特征

第一，在新能源、新材料、信息技术和生物技术领域取得重点突破，构建以核心理论和关键技术为骨干的框架；第二，科技革命与现代产业革命直接地紧密结合，由新的科技革命引发新的产业革命。

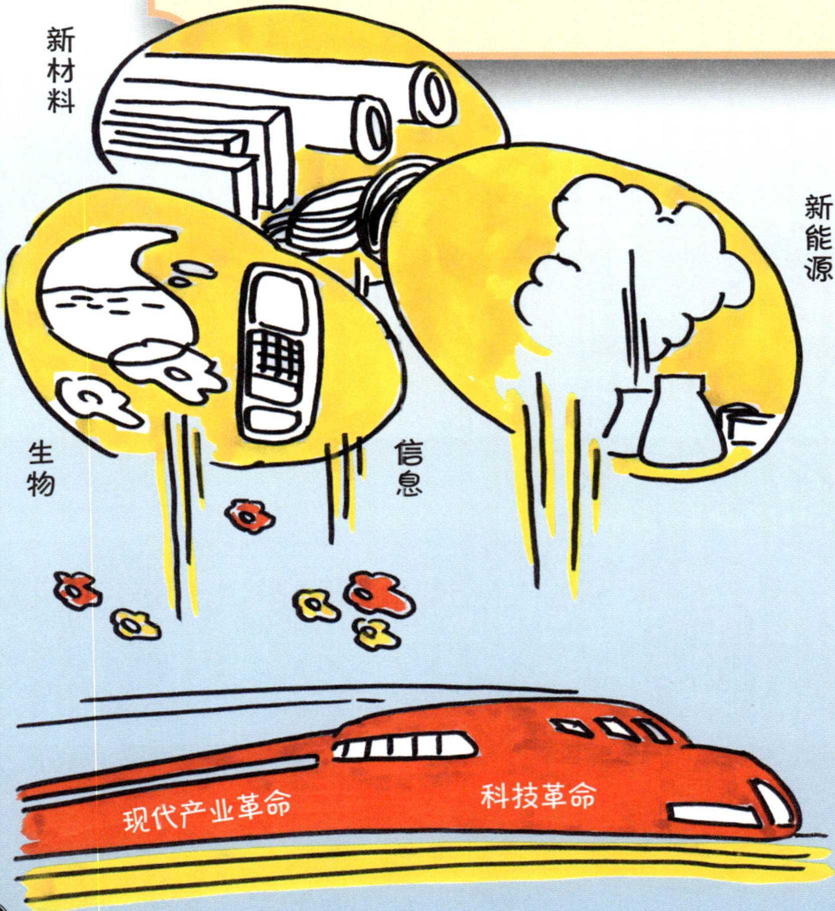

6. 世界新兴产业发展趋势

美国政府正在致力于新能源、干细胞、航天航空和宽带网络技术的开发；

日本政府正在致力于新能源、新型汽车、低碳技术、医疗技术和信息技术的开发；

欧盟国家正在致力于绿色技术、低碳技术和新能源汽车技术的开发；

巴西、墨西哥等发展中国家也在以前所未有的力度推进新能源和绿色环保技术的开发。

7. 美国新能源产业的内涵

首先，美国推出“能源新政”，其核心理念是实现美国的“能源独立”，确保美国的能源安全。其次，发出了向实体经济回归的信号，“再工业化”成为美国重塑竞争优势的重要战略。再次，酝酿着一场跨产业技术革命，如加大对信息传感网、公共安全网、智能电网等现代化基础设施的建设；加大对生物技术及其产业发展的支持力度。

总体来看，美国为了长期的经济增长和繁荣打下坚实的基础，正在推动一场以新能源为主导的新兴产业革命。通过对新兴产业投入巨资，利用杠杆效应撬动社会资本，以保证美国在这些领域尽快建立全球技术优势的地位，以推动新兴产业的快速发展。

8. 欧洲“绿色技术”的发展愿景

首先，欧洲将低碳经济的发展看作新的工业革命，把低碳产业列为新兴产业的重点。其次，重在发展“绿色技术”。欧盟在经济复苏计划中，强调“绿化”的创新和投资，加速向低碳经济转型。再次，大力推进信息网络建设。欧盟提出加快建设全民高速互联网全覆盖。在物联网的发展上，欧洲十分重视统一标准的制定。最后，高度重视文化创意产业。在欧洲，文化创意产业在金融危机中获得了前所未有的发展机会。

9. 日本、韩国、巴西发展新兴产业的做法

日本继续加强低碳、新能源等产业的发展；

韩国政府将低碳与绿色发展作为重要主题，综合推进新兴产业发展；

巴西着力发展生物能、风能和核能等新能源产业，鼓励发展多样化燃料汽车，制定生物燃料的发展规划和产品标准。

10. 中国发展新兴产业的做法

为适应世界新兴产业的发展，中国政府及时出台了《国务院关于加快培育战略性新兴产业的决定》和《战略性新兴产业发展十二五规划》，确定了节能环保、新一代信息技术、生物、高端装备制造、新能源、新材料和新能源汽车等七大新兴产业方向。

11. 苏州市八大战略性新兴产业

12. 苏州市重点发展的新兴产业聚集区分布

贰 TWO

新能源产业

XINNENGYUAN CHANYE

新能源产业

包括太阳能光伏装备和太阳能利用；风能发电装备及应用；生物质能源装备及应用；核电装备；高效大容量蓄电装备及应用；新能源汽车等。

一、新能源

1. 风能

风能是由于地球表面各处受太阳辐照后气温变化不同和空气中水蒸气的含量不同，因而引起各地气压的差异，在水平方向高压空气向低压地区流动，即形成大量空气流动所产生风的动能。风能资源决定于风能密度和可利用的风能年累积小时数。风能资源具有可再生、永不枯竭、无污染等特点，综合社会效益高，发展前景广阔。

2. 水能

水能是一种可再生能源，是运用水的势能和动能转换成电能来发电的方式。水能主要用于水力发电，其优点是成本低、可连续再生、无污染。缺点是其分布受水文、气候、地貌等自然条件的限制大。开发水能对江河的综合治理和综合利用具有积极作用，因此，世界各国都把开发水能放在能源发展战略的优先地位。

3. 潮汐能

潮汐能是以势能形态出现的海洋能，是指海水潮涨和潮落形成的水的势能与动能，它包括潮汐和潮流两种运动方式所包含的能量。潮水在涨落中蕴藏着巨大能量，这种能量是永恒的、无污染的能量。潮汐能的利用方式目前主要是发电。

4. 核裂变能

利用核反应堆中核裂变所释放出的热能进行发电的方式。它与火力发电极其相似，只是以核反应堆及蒸汽发生器来代替火力发电的锅炉，以核裂变能代替矿物燃料的化学能。核裂变能的应用是缓和世界能源危机的一种经济有效的措施。

受日本3·11大地震影响，福岛第一核电站1至6号机组将全部永久废弃。福岛核事故定为最高级7级。由于福岛核电事故，世界各国将对发展核能安全进行重新评估，以进一步提高核电的安全性。

5. 核聚变能

核聚变能是模仿太阳的原理，使两个较轻的原子核结合成一个较重的原子核并释放能量。与核裂变相比，核聚变辐射极少，且核聚变燃料可以说是取之不尽，用之不竭；与传统的化石能源相比，核聚变能具有更清洁和易采集的特点，但离实际应用还有较远的距离。

6. 氢能

氢能是氢的化学能，氢在地球上主要以化合态的形式出现，是宇宙中分布最广泛的物质，它构成了宇宙质量的75%。氢能具有安全环保、可存储、可再生、高温高能、热能集中等特点。氢能利用方式很多，例如用于宇航、汽车驱动和发电等。

7. 太阳能

太阳能一般是指太阳光的辐射能量，在当前主要用作发电。太阳能的利用有光热转换和光电转换两种方式。太阳能发电是一种新兴的可再生能源。其优点是普遍、无害、总量巨大且用之不竭。缺点是能流密度低、转换效率较低且目前成本偏高。

8. 地热能

地热能是从地壳抽取的天然热能，这种能量来自地球内部的熔岩，并以热能形式存在，是引发火山爆发及地震的能量。运用地热能最简单和最合乎成本效益的方法，就是直接取用这些热源的能量。地热能是可再生资源。

9. 锂离子电池

锂离子电池是充电电池，是目前应用很广泛的一种电池，普遍运用在手机、数码相机、笔记本电脑等电子终端中。它主要依靠锂离子在正极和负极之间移动来工作。其优点是电压高、循环寿命长、安全性能好、可快速充放电等，但容量偏小。因此，目前正在研制大容量锂离子电池。

10. 超级电容器

又叫双电层电容器，是一种新型储能装置，它是通过极化电解质来储能的。它具有充电时间短、使用寿命长、温度特性好、节约能源和绿色环保等优点；其缺点是如果使用不当会造成电解质泄漏等现象，和铝电解电容器相比，它内阻较大，因而不可以用于交流电路。

二、新能源汽车

1. 电动汽车

全部或部分由电机驱动，并配置大容量电能储存装置的汽车统称为电动汽车，包括纯电动汽车、混合动力电动汽车和燃料电池电动汽车三种类型。

2. 电动汽车的发展现状

(1) 纯电动汽车在特定区域已得到应用；(2) 混合动力汽车商业化进程在加速；(3) 燃料电池汽车研发更加深入并开始示范运行。

3. 公众对电动汽车的认知度

根据有关机构的网络调查，在被调查者中超过95%的公众对新能源汽车有较清晰的认识。其中对混合动力汽车的认知度达到37.5%。其次是燃料电池汽车占18.9%，太阳能汽车占16.3%，氢动力汽车和天然气汽车占17.9%。

4. 公众购买电动汽车的意向

相关调查数据显示，在购买新能源汽车的人群中，有80%的人认可其节约能源的优点，70%的人认可其有利于环保的优点，这说明节能环保已经成为公众购买车辆的重要指标。在车辆选择上，有超过42%的人倾向于混合动力技术，这表明其节能环保的优势已被公众广泛接受。

5. 发展电动汽车的缘由

首先，我国在传统汽车技术方面与国外存在较大差距，通过电动汽车技术的开发，可以带动传统汽车技术的进步，缩小与国外技术的差距。其次，在能源技术方面，通过电动汽车的发展，可以促进可再生能源和新能源技术的开发，提升我国在能源技术方面的竞争力，如在燃料电池技术方面，通过车辆的使用，促进燃料电池技术的进步。最后，可以带动电力电子技术的进步，因为在电动汽车中大量采用电子技术可以促进相应技术的进步。

6. 电动汽车的动力性能

电动汽车不仅具有良好的经济性和环境友好性，而且具有良好的动力性。

混合动力汽车通过采用先进的机电耦合技术和控制策略，能够获得更高的动力性。

纯电动汽车通过采用低速大扭矩电机和先进的变速机构，优化电能利用策略，其动力性可与传统汽车相当。

燃料电池汽车通过动力系统的优化配置和优化控制策略，可以提高燃料电池发动机和蓄电池的输出特性，从而获得与传统汽车相当的动力性。

7. 电动汽车的组成

包括电力驱动及控制系统、驱动力传动等机械系统、完成既定任务的工作装置等。电力驱动及控制系统是电动汽车的核心，也是区别于内燃机汽车的最大不同点。电力驱动及控制系统由驱动电动机、电源和电动机的调速控制装置等组成。电动汽车的其他装置基本与内燃机汽车相同。

8. 锂电池新能源汽车的优点

锂电池新能源汽车具有以电能代替石油、减少温室气体排放、能储存电网谷电等三大优点，同时随着锂离子电池技术新突破，可使生产成本降低、性能提高，对锂电池新能源汽车的发展起到推动作用。

9. 国内电动汽车的市场前景

在电动汽车等新能源汽车领域，各国处于相同起跑线，中国有成本和市场优势，有潜力在全球电动汽车市场取得领先地位。在大力推行节能减排的大趋势下，国内汽车行业、政府部门和消费者都具备了迎接电动汽车的条件。另外，国内发展电动汽车，可以大幅减少温室气体排放，降低对进口石油的依赖，市场前景十分广阔。

10. 电动汽车发展的社会环境

汽车是现代社会的重要交通工具，为人们提供了便捷、舒适的出行服务，然而传统燃油车辆在使用过程中产生了大量的有害废气，并加剧了对不可再生石油资源的依赖。

目前世界汽车保有量约8亿辆，并以每年3000万辆的速度递增，预计到2020年全球汽车保有量将达到12亿辆，主要增幅来自发展中国家。

21世纪是全社会面临能源和环境巨大挑战的世纪，传统燃油汽车将向高效能低排污的电动汽车方向发展。

叁 THREE

新材料产业

XINCAILIAO CHANYE

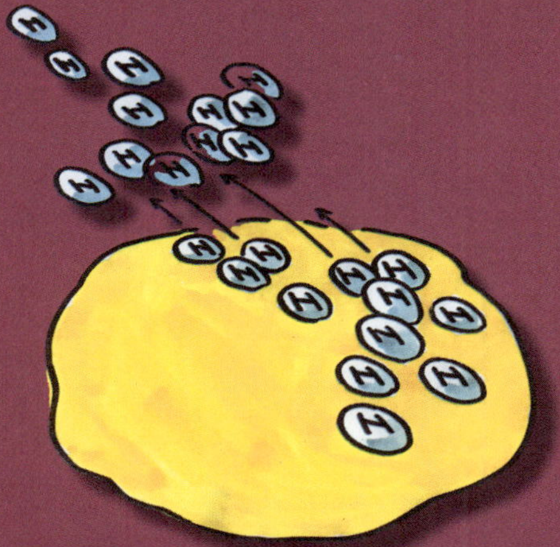

新材料产业

包括纳米材料及产品；半导体材料；光学玻璃；信息化学制品；人造纤维；新型化工材料；特种陶瓷制品；耐火陶瓷制品及其他耐火材料；新型金属材料；新型建筑材料；航天航空材料；微电子材料等。

1. 石墨烯

石墨烯是一种二维晶体，是世界上已经发现的最薄、最坚硬的物质，具有非同寻常的导电性能和极好的透光性，它的出现有望在现代电子科技领域引发新一轮革命。

据科学家称，石墨烯堪称是人类已知的强度最高的物质，它将拥有众多令人神往的发展前景。它不仅可以开发制造出纸片般薄的超轻型飞机材料和超坚韧的防弹衣，石墨烯还可以应用于代替硅生产超级计算机、光子传感器、晶体管、触摸屏和应用于基因测序等领域。

2. 高介电常数材料

高介电常数材料是介电常数大于二氧化硅的介电材料的泛称。高介电常数材料因物理特征、化学组成不同可以大致分为3类：铁电材料、金属氧化物和氮化物。

高介电常数材料主要用于大规模集成电路芯片、动态随机存储器、闪存和铁电随机存储器等。

3. 纳米材料

狭义的纳米材料是指纳米颗粒构成的固体材料，其中纳米颗粒的尺寸最多不超过100纳米。广义的纳米材料是指在三维空间中至少有一维处于纳米尺度范围(1~100纳米)或由它们作为基本单元构成的材料，其结构单元的尺寸介于1~100纳米范围之间。

纳米材料的范围很广，如纳米磁性材料、纳米陶瓷材料、纳米半导体材料等。纳米材料的用途很广，主要有：医药医疗、家用电器、电子计算机、电子工业、环境保护、纺织工业和机械制造业等。

4. 高温超导材料

高温超导材料是指具有高临界转变温度、能在液氮温度条件下工作的超导材料。因其主要是氧化物材料，故又称高温氧化物超导材料。高温超导材料不但超导转变温度高，而且成分多是以铜为主要元素的多元金属氧化物，具有陶瓷性质。

5. 光伏材料

光伏材料是可将太阳能直接转换成电能的材料，又称太阳电池材料。只有半导体材料具有光伏功能，因此，可用作光伏材料的主要有单晶硅、多晶硅、非晶硅、GaAs、GaAlAs、InP、CdS、CdTe等。目前，单晶硅、多晶硅、非晶硅已批量生产，其他材料尚处于开发阶段。高性能光伏材料的研发目标是提高转换效率、降低材料成本。

6. 储氢材料

化石能源的使用给地球造成了巨大的生态灾难，新能源开发势在必行，作为重要的候选能源，氢能的利用得到高度关注。在氢能源的研究和开发中，首先要解决氢气的安全贮存和运输问题。储氢材料是一种能可逆地吸收和释放氢气的材料。典型的储氢材料有镍氢化合物、钛基化合物、镁氢化物等。

7. 复合材料

复合材料，是由两种或两种以上不同性质的材料，通过物理或化学的方法，将其组合成具有新性能的材料。

复合材料的种类较多，根据结构的不同将其分为：纤维增强复合材料、层叠复合材料、细粒增强复合材料、骨架复合材料和先进复合材料等；根据复合材料的基体材质分为金属和非金属两大类。金属基体常用的有铝、镁、铜、钛及其合金。非金属基体主要有合成树脂、橡胶、陶瓷、石墨、碳等。增强材料主要有玻璃纤维、碳纤维、硼纤维、芳纶纤维、碳化硅纤维、石棉纤维、晶须、金属丝和硬质细粒等。

8. 功能材料

在使用过程中，主要利用材料的物理化学等特殊性能，而非主要考虑力学性能的材料称为功能材料，主要有形状记忆合金、高阻尼材料、磁性材料、压电材料等。

9. 新能源材料

新能源的利用和开发离不开能源材料的探索和研究。目前典型的新能源材料有以下几种：

光伏材料：能将太阳能直接转换成电能的材料叫光伏材料，光伏材料又称太阳电池材料，只有半导体材料具有这种功能。

太阳能材料：太阳能材料主要是太阳能涂料，包括吸收涂料和反射涂料。两种涂料的吸收和反射效果决定了太阳能吸收利用率。

储氢材料：储氢材料是利用固态下金属化合物在温度变化不大的情况下能自由的吸收氢和释放氢，以实现氢在固态下运输和储存的材料。典型的储氢材料有镍氢化合物、钛基化合物、镁氢化物等。

10. 特殊性能金属材料

特殊性能金属材料具有特殊物理或化学性能，用来制造具有特殊性能的零件。机械制造中主要使用（1）不锈耐酸钢：应用于医用手术工具、量具、轴承及弹簧等；（2）耐热钢：应用于锅炉、汽轮机、动力机械、工业炉和航空、石油化工等；（3）耐磨钢：应用于制造坦克、拖拉机的履带，挖掘机铲斗的斗齿以及防弹钢板、保险箱钢板、铁路道岔等；（4）高温合金：应用于航空航天工业、燃汽轮机工业等；（5）高强度材料：分金属材料和非金属材料。金属材料可以做军事武器，非金属材料可用来制造防弹衣。

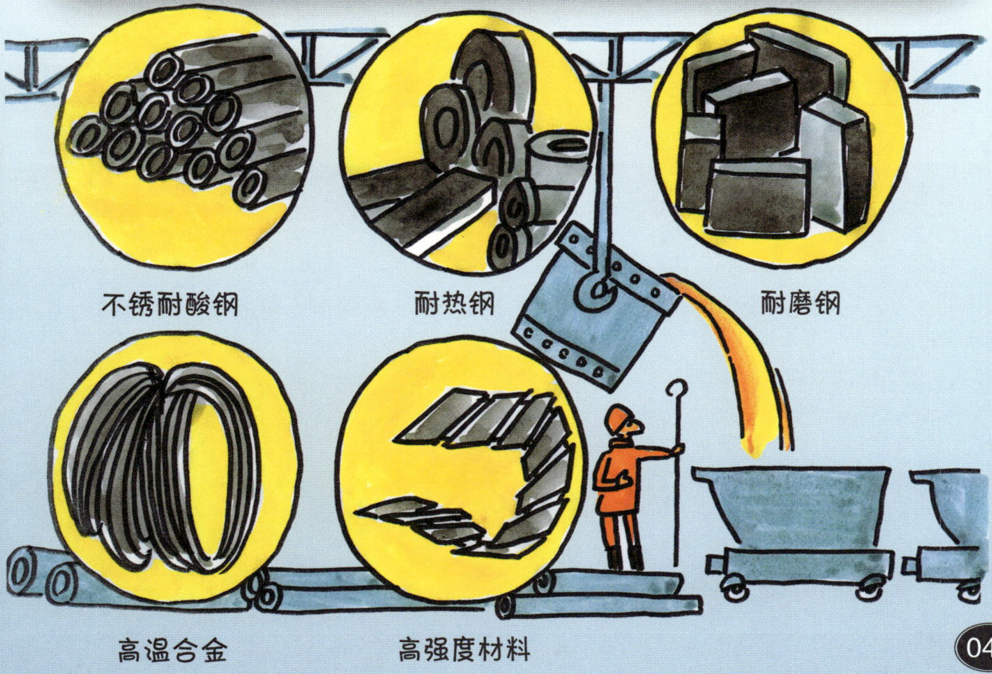

肆 FOUR

生物技术和新医药产业

SHENGWU JISHU HE XINYIYAO CHANYE

生物技术和新医药产业

包括生物医药制造；化学药品制造；中药制造；医疗器械和医用材料制造；生物工业产品制造；生物农业产品制造；生物环保产品制造；生物能源产品制造等。

1. 生物技术

生物技术是指应用生命科学研究成果，以人们意志设计，对生物或生物的成分进行改造和利用的技术。

从技术方面可分为基因组计划、基因工程、细胞工程、酶工程、蛋白质工程等。

从应用范围可分为农业生物技术、食品生物技术、医药生物技术、环境保护生物技术等。

相应的，生物技术公司则是将细胞和生物分子技术应用到医药、农业和环保上的企业。

2. 生物医药产业的范围

生物医药技术产业是指应用重组DNA技术、单克隆抗体技术、细胞培养技术、生物反应器、蛋白质工程、克隆技术、干细胞技术、分子模拟技术、生物信息学技术、体外诊断技术、高通量筛选技术等，以医药和生物技术资源为基础的产业。

3. 重点发展领域和方向

（一）传统医药和生物技术产业

（1）发酵类产品，重点是氨基酸、酶制剂、维生素等；（2）天然药物，重点是中药饮片、中成药、中药提取物、新型食品及健康食品等；（3）化学合成药物及制剂；（4）医疗器械及医辅材料；（5）医药包装；（6）医药流通等。

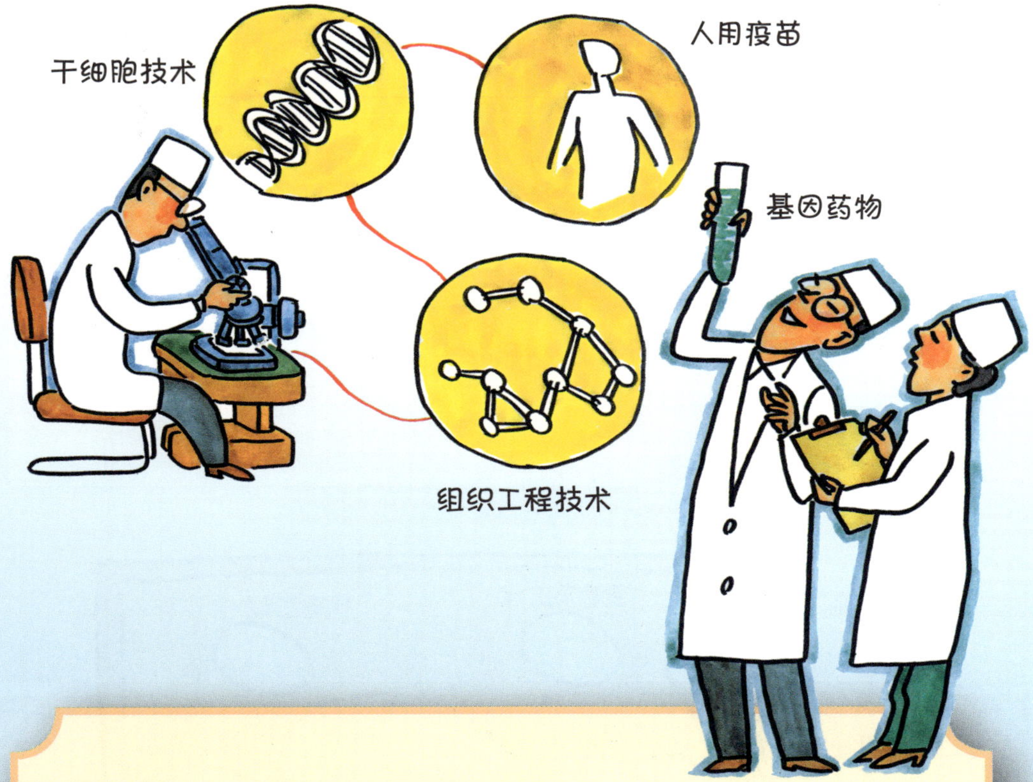

（二）现代医药和生物技术产业

（1）基因药物、人用疫苗、生化药物、医用诊断试剂、医疗器械、生物医学材料、生物医学工程、现代中药等；（2）转基因农作物、现代育种、生物农药、生物兽药、生物肥料、花卉组织培育等；（3）生物环保、生物材料、生物能源等；（4）生物技术设备研发与生产；（5）生物芯片、纳米生物、生物信息、干细胞技术、组织工程技术、动物克隆等。

4. 细胞工程

细胞工程是应用细胞生物学和分子生物学的理论和方法，按照人们的设计蓝图，进行在细胞水平上的遗传操作及进行大规模的细胞和组织培养，有计划地保存、改变和创造细胞遗传性状的技术。它主要包括细胞培养、细胞融合、细胞核移植、细胞器移植和染色体片段重组等。

5. 基因工程

基因工程是指运用限制性内切核酸酶、连接酶等酶类将不同DNA进行体外切割和连接，构成重组DNA，再将重组DNA经生物介导或直接导入等转移方法引入受体细胞进行克隆、表达，从而改变生物遗传特性，以创造生物新种质，或通过大量扩增为人类提供有用产品的技术。基因工程是现代生物工程的主体核心技术。

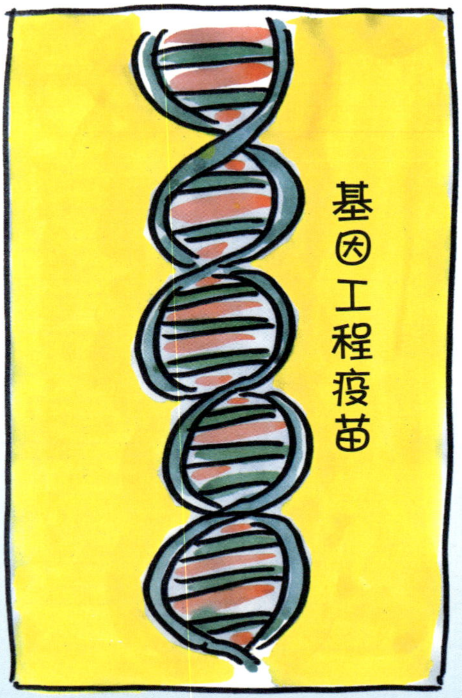

6. 基因工程疫苗

用基因工程方法克隆和表达保护性抗原基因，利用表达的抗原产物研制成基因工程疫苗。针对重大传染病、流行病以及地方病，开展抗肿瘤、丙肝、戊肝、流感、血吸虫等疫苗的研究。

7. 基因芯片

基因芯片（又称DNA芯片、生物芯片），是通过微加工技术，将数以万计、乃至百万计的特定序列的DNA片段（基因探针），有规律地排列固定于2cm²的硅片、玻片等支持物上，构成的一个二维DNA探针阵列，与计算机的电子芯片十分相似，所以被称为基因芯片。基因芯片主要用于基因检测工作。

在应用方面，生物芯片技术可广泛应用于疾病诊断和治疗、药物筛选、农作物的优育优选、司法鉴定、食品卫生监督、环境检测、国防、航天等许多领域。它将为人类认识生命的起源、遗传、发育与进化，为人类疾病的诊断、治疗和防治开辟全新的途径。

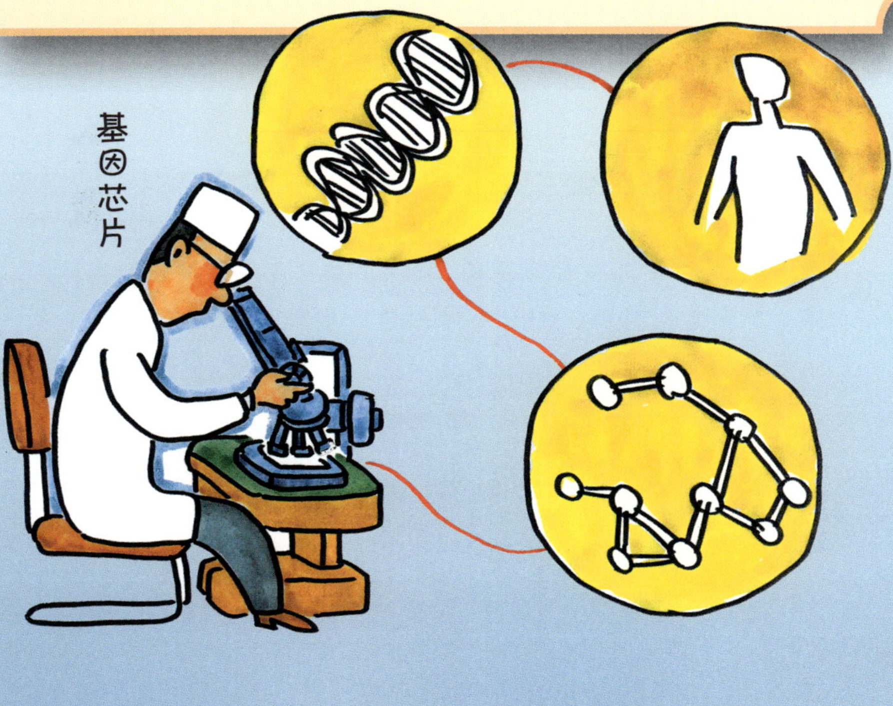

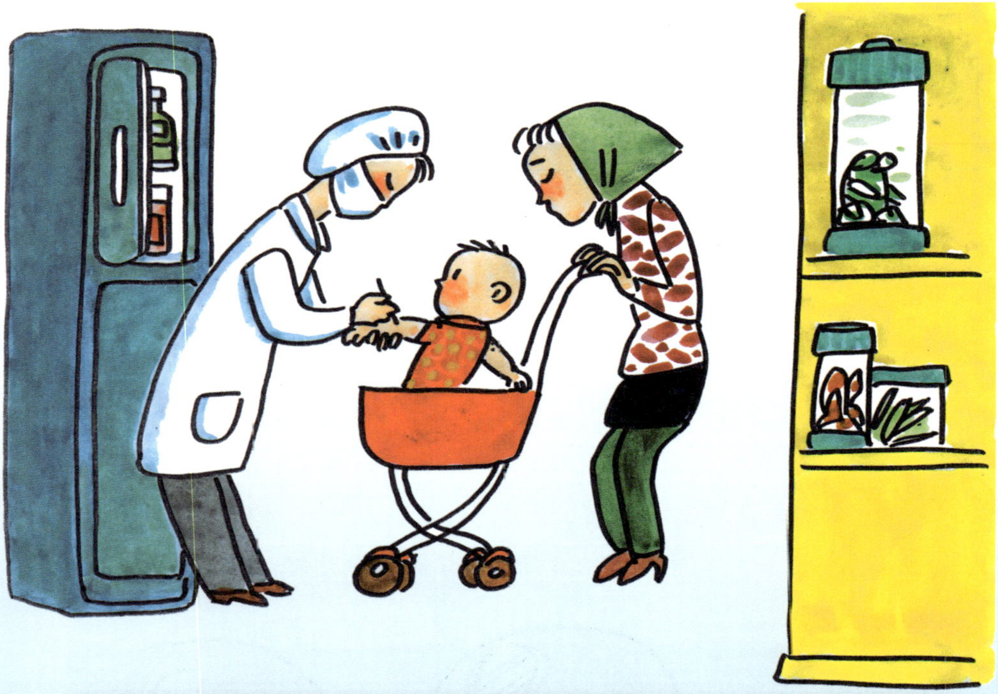

8. 人源化单克隆抗体

抗体可以对抗各种病原体，亦可作为导向器。目前的单克隆抗体，多为鼠源抗体，注入人体后会产生抗源性或激发免疫反应。研究噬菌体抗体、嵌合抗体、基因工程抗体技术来解决人源化抗体问题。单克隆抗体药物是生物制药产业中最大类别的产品，如今已被成功用于治疗癌症等多种疾病领域，具有广阔的发展前景。

9. 核酸类研究

由核苷酸或脱氧核苷酸通过3′，5′－磷酸二酯键连接而成的一类生物大分子。具有非常重要的生物功能，主要是贮存遗传信息和传递遗传信息。包括核糖核酸和脱氧核糖核酸两类。

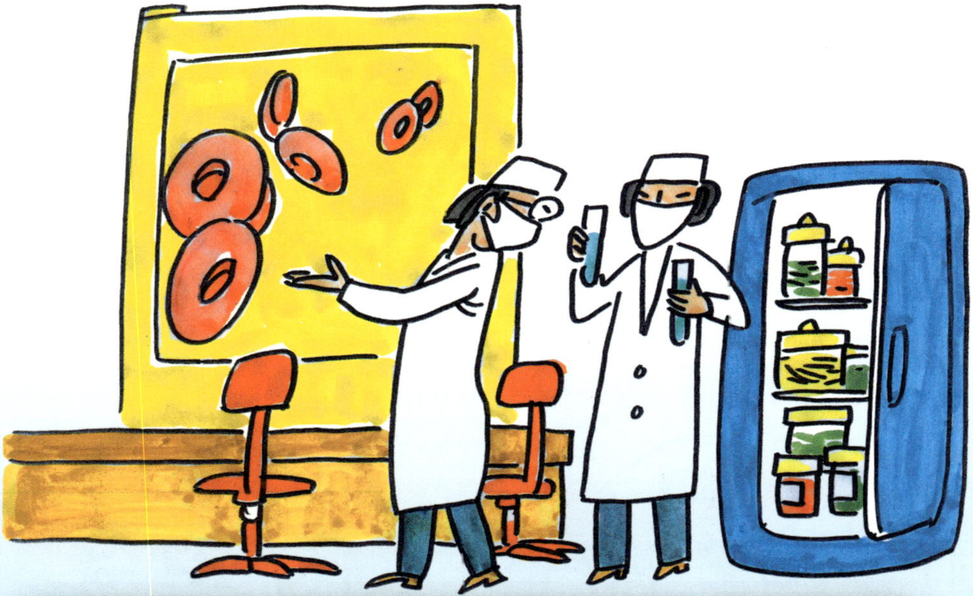

10. 血液替代品研究

血液制品是采用大批混合的人体血浆制成的，由于人血难免被各种病原体所污染，因此利用基因工程开发血液替代品引人注目。

血液代用品按其功能主要分为两类，一类是可供容量置换的液体，一类是可供容量置换和氧输送的液体。血浆代用品因不能携氧和二氧化碳，使用受到限制，目前研制中的携氧血液代用品分为三类：人工血红素溶液，全氟碳化合物乳剂和基于血红蛋白的携氧溶液。

11. 生物医药产业发展

生物医药产业是继信息产业之后又一个新兴产业。在此领域中必须优先考虑发展与人类严重疾患相关的研究，公共卫生的防治以及突发病症的诊治，重点攻克肿瘤、心血管、肝炎、艾滋病等疾病，大力发展单克隆抗体、抗病毒疫苗、基因疗法、生物医学仪器制造等；生物医药的主要发展内容将集中在生物制品、生物医药器械、现代中药等细分领域。其中，生物制品子行业将是生物产业振兴计划中最受益的细分行业，包括单克隆抗体药物、激素、血液制品、疫苗、诊断试剂、核酸和蛋白质制品等产品。

伍 FIVE

节能环保产业

JIENENG HUANBAO CHANYE

节能环保产业

包括节能装备制造；节能产品制造；节能服务；环保装备制造；环保产品制造；环保服务；资源循环利用等。

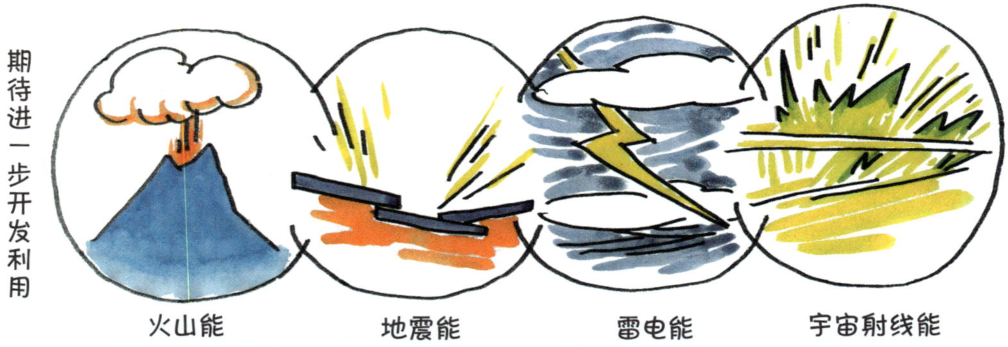

1. 世界能源的种类

能源是提供能量的物质资源。地球上有各种各样的能源。能源可以根据其成因、性质和使用状况进行分类。如按使用状况分类，有常规能源（包括煤、原油、天然气等），新能源（包括核燃料、地热能、太阳能等）；如按能源成因分类，可分为一次能源和二次能源，一次能源像煤、天然气、水能、风能等，二次能源是指煤气、原油加工品、火药、电能、沼气等；有些能源，如火山能、地震能、雷电能、宇宙射线能等还未能被人们所利用开发，期待进一步开发利用。

2. 我国节能环保的发展趋势

随着国家节能环保投资力度的进一步加大，我国节能环保产业发展趋势将迎来更为广阔的空间。主要体现在：一是结构性节能是我国目前节能的主要手段和重点，对先进核能、风能、太阳能、生物质能、地热能、非常规天然气等新能源和可再生能源的开发利用；二是技术性节能涵盖范围较广，包括建筑节能、余热利用、节能照明、节能交通以及电力、钢铁、有色、石油石化、化工、机电、建材等重点传统产业的先进适用技术改造等。

3. 资源开发与保护

为了节约和合理开发利用有限的资源，国家积极支持和鼓励企业利用先进技术，综合开发回收利用再生资源的循环经济项目，尤其是对那些储量稀缺的战略性资源，如钨、钼、锑、锡、钴、镍、钽、铌、铋、金、银、铂、钯、铑、稀土、铜、铝、铅、锌等废旧金属资源。开发一个再生资源项目，就等于开发一座同等金属量规模的矿山。

对于不可自然降解的塑料、树脂、橡胶、纤维等有机废料，可再生的尽量再生，不能再生的可以在环保的前提下用来燃烧发电。

4. 节能环保“十大适用新技术”

我国城乡建设领域推广节能环保的“十大适用新技术”包括：

太阳能与建筑一体化技术；墙体节能保温技术；地源热泵和空调技术；LED绿色照明技术；城市燃气调峰和应急技术；高性能混凝土应用技术；城市雨水收集利用技术；数字化城市管理技术；城镇生活垃圾处理技术；小城镇和农村污水处理技术。

5. 五代节电技术

第一代节电技术为电容补偿；第二代节电技术为可控硅斩波技术；第三代节电技术为变频技术；第四代节电技术为抑制浪涌技术；第五代节电技术为电磁转换和补偿。

6. 管理节能

通过对能源消耗进行准确监测和科学分析，采取相应的管理措施和技术措施，从而达到节能的目的就叫做管理节能。管理节能资金投入较小，主要靠工程运行管理人员掌握各类设备和各系统耗能规律，科学编制设备运行时间表，最大限度的利用季节变化的温差，合理调配运行设备，从而达到节能目的。

7. 环保产业

随着中国社会经济的发展和产业结构的调整，中国环保产业对国民经济的直接贡献将由小变大，逐渐成为改善经济运行质量、促进经济增长、提高经济技术档次的产业。产业内涵的扩展方向将主要集中在洁净技术、洁净产品、环境服务等方面，中国环保产业的概念也将演变为：“环境产业”或“绿色产业”。

8. 废气治理

现有行业中，废气治理主要是指针对工业场所产生的工业废气诸如粉尘颗粒物、烟气烟尘、异味气体、有毒有害气体进行治理的一种净化手段。常见的废气治理有烟尘废气治理、粉尘废气治理、有机废气治理、废气异味治理、酸碱废气治理等。

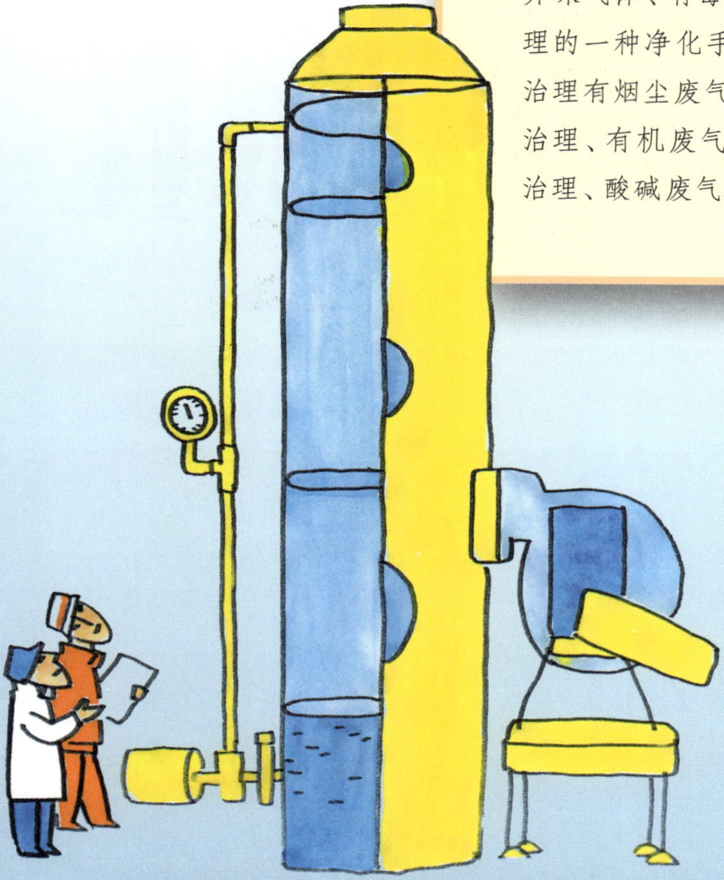

9. 废水治理

水是地球上一切生命不可缺少的基本物质，是人类社会赖以生存和发展的宝贵自然资源。本世纪以来，由于世界各国工农业迅速发展，城市人口急剧增加，生产和生活的用水量也随之剧增。大量生产和生活污水排入江河、湖泊及渗入地下，使众多水源遭受污染，导致包括我国在内的许多国家面临严重缺水形势。因此，防治水污染、保护水环境，已成为当今世界性的问题，废水治理更是我国环境保护工作的当务之急。

废水治理主要领域包括：废水治理工程项目承包、工艺方案设计、工程施工、设备安装及调试；为各类用户群提供废水治理专业的、全面的、集成的全程服务等。

10. 固废治理

随着全国各省市在近期纷纷出台垃圾处理收费试点工作，垃圾处理收费机制逐步建立。建立健全垃圾处理收费制度，提高征缴率将有助于固废的健康快速发展。对照美、日固废发展的过程，可以预见，中国固废行业前景光明，在“十二五”期间将迎来固废行业快速发展的时期。

固体废物

凡人类一切活动过程产生的，且对所有者已不再具有使用价值而被废弃的固态或半固态物质，通称为固体废物。

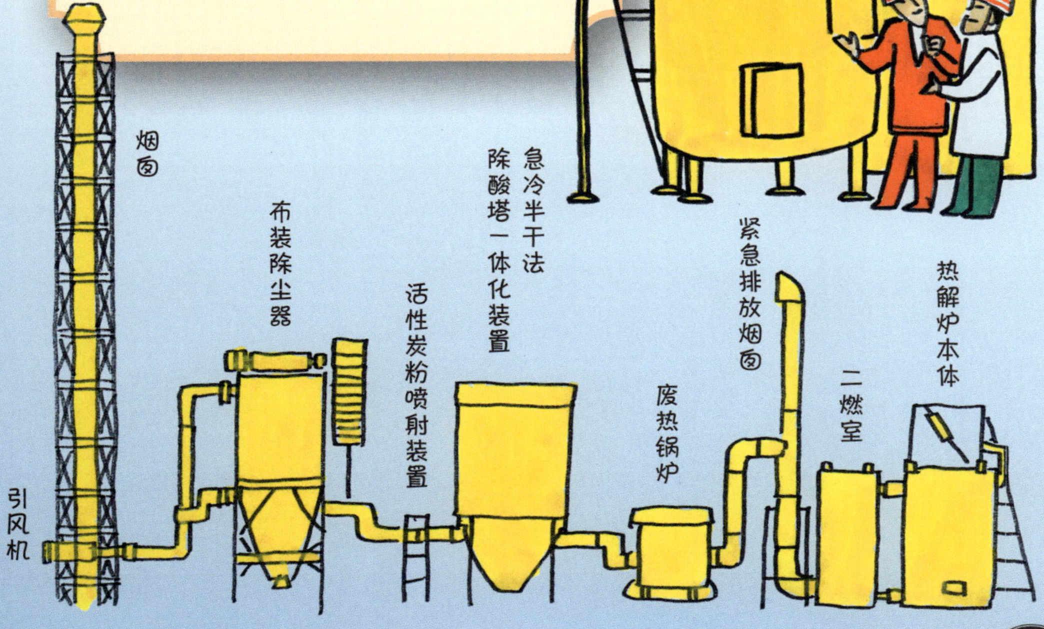

陆 SIX

软件和服务外包产业

RUANJIAN HE FUWU WAIBAO CHANYE

软件和服务外包产业

主要指软件开发和服务外包两大产业，它具有信息技术承载度高、附加值大、资源消耗低、环境污染少、国际化水平高等特点，是信息产业以及生产性服务业的重要组成部分。

1. 我国软件产业的发展机遇

(1)经济结构调整,为软件服务业发展提供了新的机遇;(2)产业融合转型,促使软件领域的技术发展和更新进一步加快;(3)软件技术发展,带来了信息技术的新模式、新概念,为服务业提供了新的机遇;(4)技术产业融合,为软件服务业提供了广阔的发展前景;(5)服务业国际转移,使未来软件产业的发展充满着机遇。

2. 软件产品的分类

软件产品可划分为四大门类：

(1)硬件+嵌入式应用软件；(2)硬件+操作系统+通用型应用软件；(3)硬件+操作系统+基础件+通用型行业应用软件；(4)硬件+操作系统+基础件+业务基础件+复杂型行业应用软件。

3. 与硬件“对话”的操作系统

在复杂的计算机应用中，不管是大型机、小型机、服务器、PC、笔记本电脑、掌上电脑甚至包括众多嵌入式芯片，必然需要不同的操作系统。

4. 与操作系统“对话”的基础件

让应用软件直接与众多操作系统直接“对话”显然是不现实的，基础件的出现就是为了解决Windows、Linux、Unix以及其他各种传统系统友好统一的对话，大大降低应用开发的效率、成本和时间。

5. 与基础件"对话"的业务基础件

业务基础件是基于基础件技术平台之上，适合不同行业，融合各种业务应用，具有协同性、集成性并面向用户需求的业务系统基础架构平台，业务基础件具有融合性、集成性、可扩张性、跨平台性和技术平台无关性等特点。

6. 嵌入式应用软件

嵌入式系统就是以应用为中心、以计算机技术为基础、软件硬件可裁剪、适应应用系统对功能、可靠性、成本、体积、功耗严格要求的专用计算机系统。一般认为凡是带有微处理器的专用软硬件系统都可以称为嵌入式系统。

各种各样的新型嵌入式系统设备在应用数量上已经远远超过通用计算机，任何一个普通人可能拥有从大到小的各种使用嵌入式技术的电子产品，小到MP3、PDA等微型数字化产品，大到网络家电、智能家电、车载电子设备。而在工业和服务领域中，使用嵌入式技术的数字机床、智能工具、工业机器人、服务机器人也将逐渐改变传统的工业和服务方式。

7. 通用型应用软件

通用型应用软件门类众多，包括安全类软件、办公软件、翻译软件、游戏软件等应用软件。通用型应用软件是我国目前发展时间最长、技术最为成熟的一个软件领域。此类软件市场巨大，但是竞争特别激烈。

8. 通用型行业应用软件

通用型行业软件是目前一个热点领域。它结合了通用软件和行业软件的特点，既是面向企业的软件产品，又具有相当的通用性。可以基于此类软件开发出各个行业的解决方案，从而体现出行业特色。通用型行业软件主要包括财务软件、企业资源管理、客户关系管理、供应链管理等。

9. 复杂型行业应用软件

复杂型行业软件主要是根据行业自身的特点设计的，这种软件一般都是专门定制的并且只能在自己这个特殊行业内使用。比如说冶炼控制专业软件、污水处理控制软件、化工分析软件等等。复杂型行业软件，由于行业之间自然壁垒存在，导致复杂型行业软件互通性几乎没有，同样由于这个特性导致几乎每一个软件都是量身定制，这带来的是较高的价格以及专业化的服务。

10. 业务流程外包服务

服务外包

服务外包简单地说，就是“外部资源利用”，也就是通过购买第三方提供的服务来完成原来由企业内部完成的工作。它包括商业流程外包、信息技术外包、知识流程外包。

企业内部管理服务：为客户企业提供各类内部管理服务，包括后勤服务、人力资源服务、工资福利服务、会计服务、财务中心、数据中心及其他内部管理服务等。

企业业务运作服务：为客户企业提供技术研发服务、销售及批发服务、产品售后服务（售后电话指导、维修服务）及其他业务流程环节的服务等。

供应链管理服务：为客户企业提供采购、运输、仓库/库存整体方案服务等。

11. 信息技术外包服务

信息技术外包服务包括：

系统操作服务：银行数据、信用卡数据、各类保险数据、保险理赔数据、医疗体检数据、税务数据、法律数据（包括信息）的处理及整合。

系统应用服务：信息工程及流程设计、管理信息系统服务、远程维护等。

基础技术服务：承接技术研发、软件开发设计、基础技术或基础管理平台整合等。

12. 知识流程外包服务

知识流程外包服务是服务外包的高端部分，包括专业策划服务、知识产权服务、专业培训服务、政策法规调研、企业文化建设、人力资源规划等。

柒 SEVEN

智能电网和物联网产业

ZHINENG DIANWANG HE WULIANWANG CHANYE

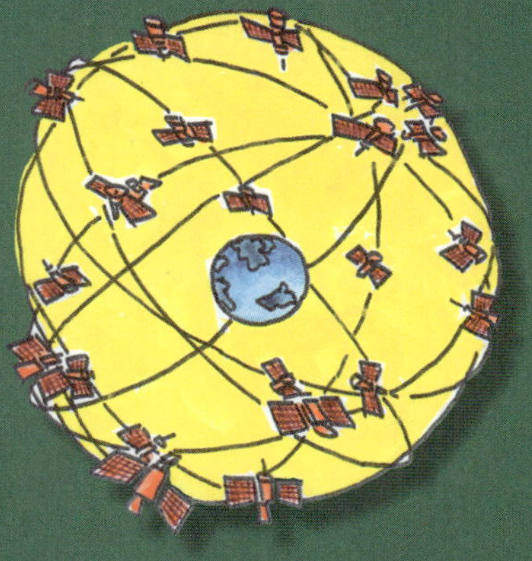

智能电网和物联网产业

包括智能电网装备；物联网设备制造；软件产品开发；物联网系统集成；网络及运营服务等。

一、物联网

1. 物联网

物联网定义：把所有物品通过射频识别、红外感应器、全球定位系统、激光扫描器等信息传感设备与互联网连接起来，进行信息交换和通讯，实现智能化识别、定位、跟踪、监控和管理。目前，主要应用领域有：智能城市、智能校园、智能环保、智能农业、智能物流、智能家居、智能交通、智能电网、智能医疗、智能物流等。

2. 无线传感器网络

无线传感器网络就是由部署在监测区域内大量的廉价微型传感器节点组成，通过无线通信方式形成的一个自组织的网络系统，其目的是协作地感知、采集和处理网络覆盖区域中被感知对象的信息，并发送给观察者。传感器、感知对象和观察者构成了无线传感器网络的三个要素。

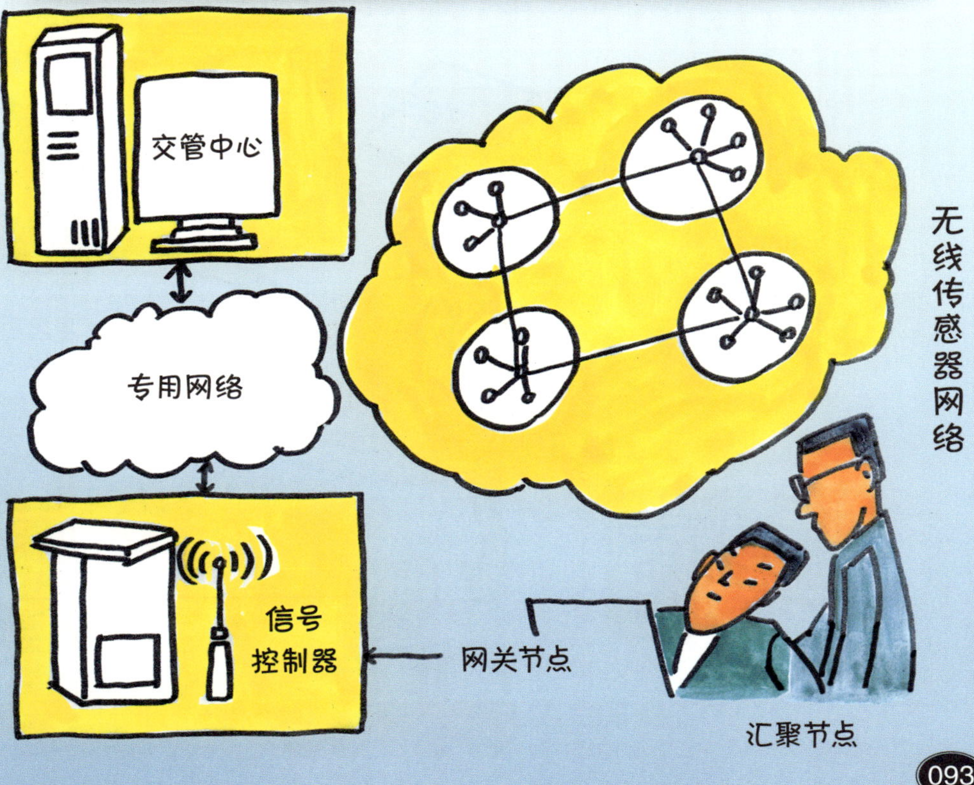

3. 嵌入式系统

嵌入式系统一般指有计算机功能但又不称之为计算机的设备或器材。它是以应用为中心的专用计算机系统。嵌入式系统集应用软件与硬件于一体，具有软件代码小、高度自动化、响应速度快等特点，特别适合于要求实时和多任务的体系。

嵌入式系统几乎包括了生活中的所有电器设备，如掌上电脑、移动计算设备、电视机顶盒、手机上网、数字电视、多媒体、汽车、微波炉、数码相机、家庭自动化系统、电梯、空调、安全系统、自动售货机、蜂窝式电话、消费电子设备、工业自动化仪表与医疗仪器等。

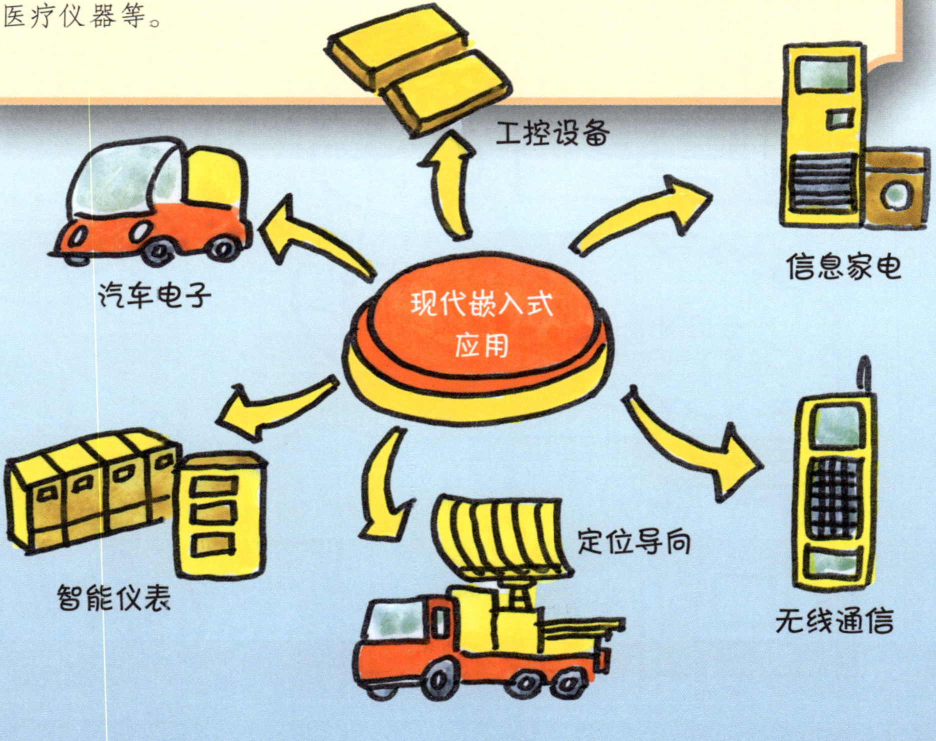

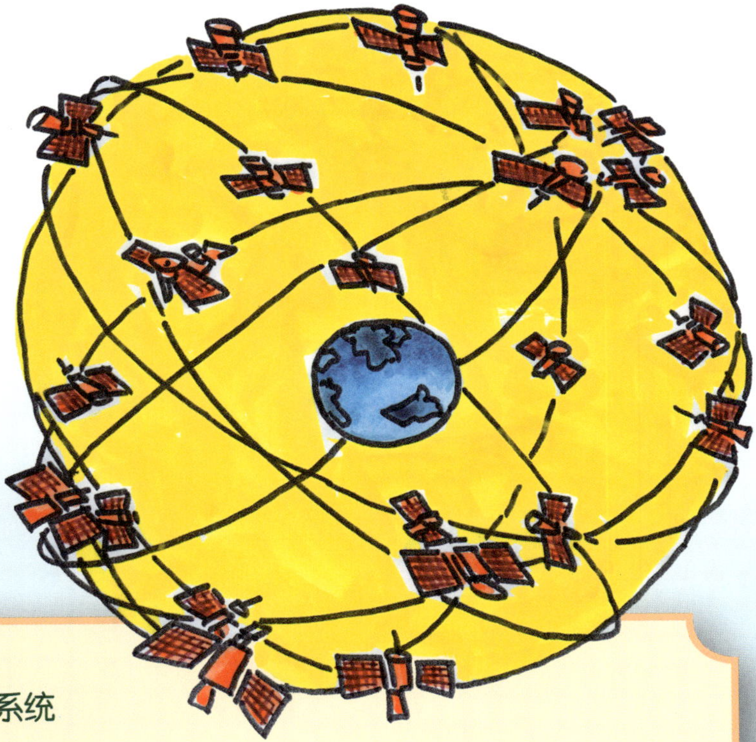

4. 全球定位系统

全球定位系统是一个中距离圆形轨道卫星导航系统，它是由美国政府于20世纪70年代开始进行研制，于1994年全面建成，它可以为地球表面绝大部分地区（98%）提供准确的定位、测速和高精度的时间标准。该系统包括太空中的24颗GPS卫星、地面上的1个主控站、3个数据注入站和5个监测站及作为用户端的GPS接收机，拥有如下优点：全天候，不受任何天气的影响；全球覆盖（高达98%）；三维定速定时高精度；快速、省时、高效率；应用广泛、多功能；可移动定位等。

5. 智能城市

智能城市包括对城市的数字化管理和城市安全的统一监控。前者利用“数字城市”理论，基于3S（地理信息系统GIS、全球定位系统GPS、遥感系统RS）等关键技术，深入开发和应用空间信息资源，建设服务于城市规划、城市建设和管理，服务于政府、企业、公众，服务于人口、资源环境、经济社会的可持续发展的信息基础设施和信息系统。它将分散、独立的图像采集点进行联网，实现对城市安全的统一监控、统一存储和统一管理，为城市管理和建设者提供一种全新、直观、视听觉范围延伸的管理工具。

6. 智能农业

智能农业可通过实时采集温室内温度、湿度信号以及光照度、土壤温度、CO_2浓度、叶面湿度、露点温度等环境参数，自动开启或关闭指定设备。用户可以根据需求，随时进行处理。如对设施农业综合生态信息自动监测、对环境进行自动控制和智能化管理等。

7. 智能家居

智能家居融合自动化控制系统、计算机网络系统和网络通讯技术于一体，将各种家庭设备（如音视频设备、照明系统、窗帘控制、空调控制、安防系统、数字影院系统、网络家电等）通过智能家庭网络联网实现自动化，通过宽带、固话和3G无线网络，实现对家庭设备的远程操控。

与普通家居相比，智能家居不仅提供舒适宜人且高品位的家庭生活空间，实现更智能的家庭安防系统；还可将家居环境由原来的被动静止结构转变为具有能动智慧的空间，实现全方位的信息交互功能。

8. 三网融合

三网融合是指广播电视网、电信网与互联网的融合，其中互联网是核心。但在现阶段它并不意味着电信网、计算机网和有线电视网三大网络的物理合一，而主要是指高层业务应用的融合。其表现为技术上趋向一致，网络层上可以实现互联互通，形成无缝覆盖，业务层上互相渗透和交叉，应用层上趋向使用统一的IP协议，在经营上互相竞争、互相合作，朝着向用户提供多样化、多媒体化、个性化服务的同一目标逐渐交汇在一起，行业管制和政策方面也逐渐趋向统一。

三大网络通过技术改造，能够提供包括语音、数据、图像等综合多媒体的通信业务。

9. 云计算

狭义云计算是指IT基础设施的交付和使用模式，指通过网络以按需、易扩展的方式获得所需的资源（硬件、平台、软件）。提供资源的网络被称为“云”。“云”中的资源在使用者看来是可以无限扩展的，并且可以随时获取，按需使用，随时扩展，按使用付费。这种特性经常被称为像水电一样地使用IT基础设施。

广义云计算是指服务的交付和使用模式，指通过网络以按需、易扩展的方式获得所需的服务。这种服务可以是IT和软件、互联网相关的，也可以是其他任意的服务。

10. 超级计算机

超级计算机，指在计算速度或容量上领先世界的电子计算机。它的体系设计和运作机制都与人们日常使用的个人电脑有很大区别。现有的超级计算机运算速度大都可以达到每秒兆次以上。因此无论在运算能力及速度上都是全球领先。

二、智能电网

1. 智能电网

智能电网，被称为电网“高速公路”，是指通过新技术能形成业务流、信息流、能量流之间双向互动的未来电网，强调电能供应企业与用户之间的双向“交流”。是当今国际最前沿的新能源产业之一，已成为许多发达国家争相研发的热点。

2. 国家发展智能电网的目标

按照国家电网勾勒的目标，到2020年，全国基本建成坚强智能电网，形成以华北、华东、华中特高压同步电网为接受端，东北、西北电网为输送端，连接全国各大煤电、水电、核电和可再生能源发电基地的坚强电网结构。

根据规划，“十二五”期间将新建智能变电站8000座，“十三五”期间新建智能变电站7700座，可谓“市场无限”。

3. 发展智能电网提升五种能力

（1）提升大电网规划的统一优化能力；

（2）提升驾驭大电网安全运行的能力；

（3）提升电网资产全寿命管理的能力；

（4）打造信息化企业，提升企业级辅助决策能力；

（5）积极研发领先超前的技术应用，提升自主创新能力。

4. 智能电网庞大的产业链

按照国家电网对于智能电网的规划纲要，智能电网的辐射范围相当广阔，包括新材料、电力电子元器件制造、电池制造、新能源发电、钢铁制造、通信设备、智能家电、电动汽车、智能家居等上下游产业，而后续还将衍生出诸如智能城市、智能交通等更多新的产业。智能电网正在带动中国经济形成一个全新、庞大的“智网产业链”。

5. 智能电网产业特点

智能电网产业涵盖了电力系统“发、输、变、配、用、调”六大环节以及综合控制、通信网络、电子数据、视频、智能家电控制、楼宇自动化和电动交通等多个领域，具有产品高度集成、技术含量和附加值高、产业链条长、经济带动作用强的特点。

在智能电网产业中的风力发电、超高压输电、智能变电站、智能城市配电、智能用电设备以及智能调度六大优势领域，实施一批高水平的重点产业化项目，以项目带动产业和产品结构调整，壮大产业规模。

6. 智能电网关键技术研发

以新能源关键技术、特高压智能输电技术、输变电一二次设备智能化技术、智能用电、双向互动表计和终端技术、智能电网能耗分析与仿真技术等关键技术为重点，加大研发力度，突破一批关键技术，掌握一批核心技术，为促进整个产业链的快速形成和发展提供技术支撑。

7. 智能电网建设产业服务平台

在现有国家级、省级企业技术中心、检验中心以及实验室的基础上，构建承担技术创新各个环节不同任务的国家、省级和企业三个层面的创新体系，有效提高智能电网特色产业链的创新能力，增强产业链的核心竞争力。

建设融“研发攻关、标准制定、检测检验”为一体的产业公共服务平台，通过公共服务创新平台和各级企业技术中心建设，促进智能电网的“输、配、变、用、调”等方面的相关专利体系、标准体系的研究制定，实现智能电网各环节创新能力的不断突破，达到国内领先、国际先进水平。

8. 智能电网提高产业集聚能力

按照产业集聚、规模发展的要求，坚持市场主导与政府引导相结合，完善基础条件与配套服务功能，促进智能电网产业链项目的生产要素向园区集中，同时兼顾各开发区在产业链分工方面的配合作用，早日形成产业布局。

采取集中建设与定向开发相结合的建设模式，全力抓好电力装备成套产品综合生产能力建设，通过集群化的产业环境、专业化的服务体系，帮助产业链各企业快速实现成果产品产业化，形成主体聚集突出、特色相互呼应、配套体系完善、规模效益显著的产业集群。

9. 苏州是国家智能电网的试点城市

苏州市对智能电网的建设非常重视，将智能电网作为苏州转型升级的支撑点。国家科技部和国家电网公司将苏州列入重要试点城市。苏州已与国家电网公司签订了智能电网的合作框架协议。苏州承担6个大项目的建设，包括特高压电网建设、智能变电站的建设、智能电表的应用、智能电网调度技术支持系统的研发等。

10. 苏州发展智能电网十大优势

（1）各级领导高度重视；（2）充满创新活力和发展动力的人才环境；（3）良好的产业转型环境；（4）全面的产业转型政策；（5）充分的产业转型资金；（6）完整的电网装置制造业基础；（7）配套齐全的新能源产业；（8）先进的智能装置设备产业；（9）发达的信息通信产业；（10）具备物联网产业基础。

捌 EIGHT

新型平板显示产业

XINXING PINGBAN XIANSHI CHANYE

新型平板显示产业

包括大规模集成电路设计和制造；光电子器件及其他电子器件；新型平板显示关键材料；新型平板显示器件及模组制造；新型平板电视等。

1. 新型平板显示技术

新型平板显示技术包含多个方面，不仅仅局限于显示技术本身，同时还包括与显示设备关系密切的其他技术。目前的关注热点主要有有机发光二极管、电子纸、发光二极管背光、高端触摸屏和平板显示上游材料等。

2. 新型平板显示产业链

新型平板显示产业链包括：上游的材料和设备，中游的面板和模组，下游的电视、笔记本、手机、显示屏等应用。

3. 新型平板显示产业政策

近年来，国家有关部门相继出台鼓励和扶持平板显示的相关政策，尤其是《电子信息产业调整和振兴规划》明确提出“突破集成电路、新型显示器件、软件等核心产业的关键技术”，体现了国家对这个产业的高度重视和支持。

4. 新型平板显示产业布局

“十二五”期间，国家将合理规划新型平板显示产业布局，逐步形成若干核心片区，通过并购、组建战略联盟等方式推动企业壮大，形成包括核心材料、元件、部件、装备、模组和整机的紧密型企业集团。

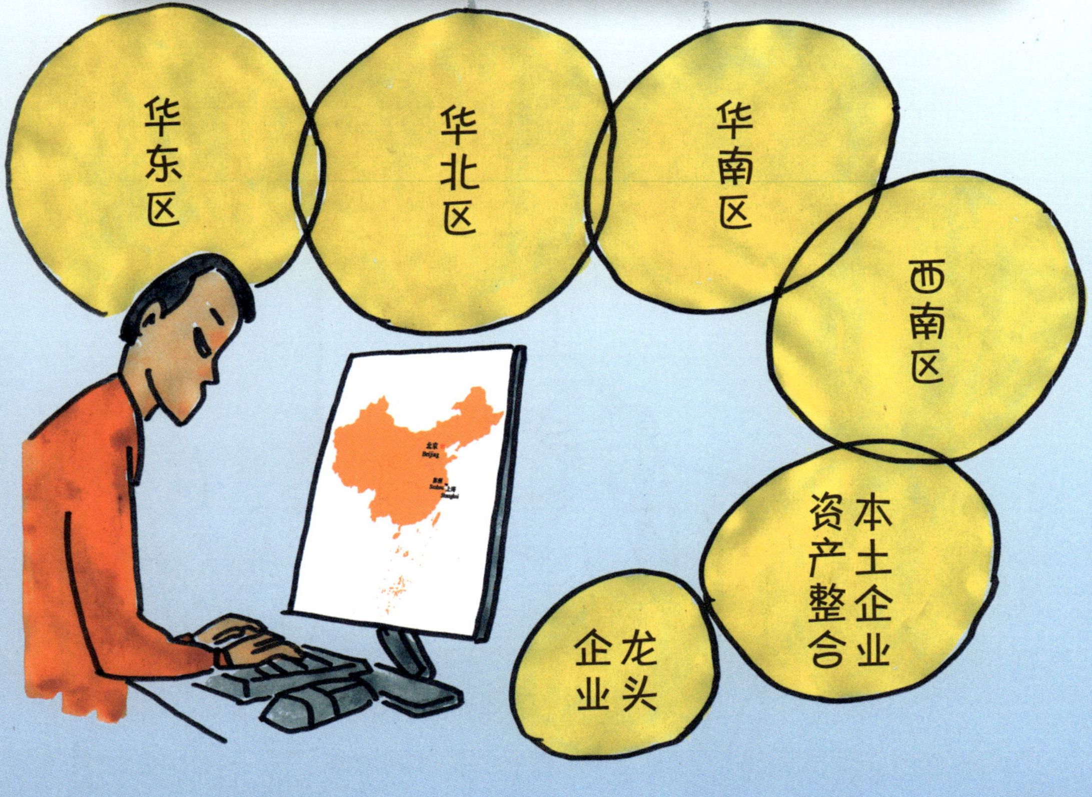

5. 平板显示器

平板显示器是指显示屏对角线的长度与整机厚度之比大于4:1的显示器件，包括液晶显示器、等离子体显示器、电致发光显示器、真空荧光显示器和有机发光二极管显示器等。平板显示器有许多优点：薄型而轻巧，整机可做成便携式；电压低、无X射线辐射、没有闪烁抖动、不产生静电，因而不会有碍健康；功耗低，可用电池供电；大部分平板显示器的寿命比阴极射线管的长。平板显示器在军事、民用领域都有极其广泛的用途。

6. LCD显示器

LCD即液晶显示器，由背光、偏光片、液晶、滤光片等组成，液晶自身不发光，通过外部的电压控制和液晶分子的折射特性，以及对光线的旋转能力来获得明、暗效果，由彩色滤光片产生丰富多彩的颜色和图像。

特点：机身薄，节省空间；省电，不产生高温；低辐射，益健康；画面柔和不伤眼。

7. PDP显示器

PDP即等离子显示屏，是利用气体（如氖气）放电原理实现的一种发光型显示技术。等离子显示器具有阴极射线管的优点。目前，主要用于公共场所，如飞机场、火车站、展示会场、企业研讨、学术会议及远程会议等。

8. LED显示器

LED即发光二极管显示器，由大量发光二极管构成。LED显示器适合做室外用的大屏幕显示屏。LED显示器集微电子技术、计算机技术、信息处理于一体，以其色彩鲜艳、动态范围广、亮度高、寿命长、工作稳定可靠等优点，成为最具优势的新一代显示媒体。

目前，LED显示器已广泛应用于户外大型广场、商业广告、体育场馆、信息传播、新闻发布、证券交易等，可以满足不同环境的需要。

9. OLED显示器

OLED即有机发光显示器，是指有机材料在电场作用下发光的技术，不需用到背光板，同时视角广、画质均匀、反应速度快、较易彩色化、用简单驱动电路即可达到发光、制程简单、可制作成挠曲式面板，符合轻薄短小的原则，应用范围属于中小尺寸面板。被国内外平板显示行业的专家称为“梦幻般的显示技术”。

在军事航空领域有着十分重要的应用，如用作坦克、飞机等现代化武器的显示终端。

10. OLED与LCD相比有哪些优点

OLED主动发光，无需背光源，这使OLED更轻更薄；OLED色彩饱和度高，功耗低，无视角限制，响应速度快，是LCD的1000倍；OLED环境适应性强，耐高低温；全固态结构使其抗震性能远优于LCD显示器，并可以做成透明显示器和柔性显示器。

玖 NINE

高端装备制造产业

GAODUAN ZHUANGBEI ZHIZAO CHANYE

高端装备制造产业

包括航空航天装备制造；轨道交通、船舶和海洋工程装备制造；大型工程机械和成套特种设备制造；精密数控装备和高端智能装备制造。

1. 航天器

航天器分为军用航天器、民用航天器和军民两用航天器。这三种航天器又可以分为无人航天器和载人航天器。无人航天器分为人造地球卫星、空间探测器和货运飞船。

人造地球卫星分为科学卫星和应用卫星。

科学卫星分为空间物理探测卫星和天文卫星。

应用卫星分为通信卫星、气象卫星、导航卫星、测地卫星、地球资源卫星、侦察卫星、预警卫星、海洋监视卫星、截击卫星和多用途卫星等。

空间探测器分为月球探测器、行星及其卫星探测器、行星际探测器和小行星探测器。

载人航天器分为载人飞船、空间站和航天飞机、空天飞机。

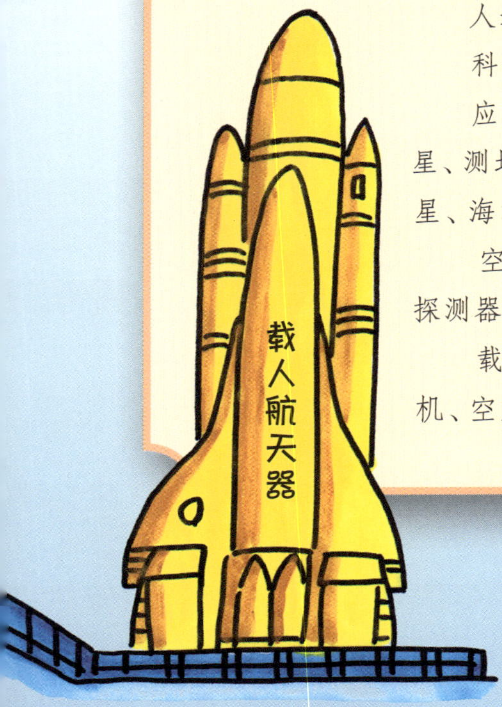

2. 运载火箭

运载火箭是由多级火箭组成的航天运输工具，用途是把人造地球卫星、载人飞船、空间站、空间探测器等有效载荷送入预定轨道。

目前常用的运载火箭按其所用的推进剂来分，可分为固体火箭、液体火箭和固液混合型火箭三种类型。

3. 城市轨道交通

城市轨道交通具有运量大、速度快、安全、准点、保护环境、节约能源和土地等特点。世界各国普遍认识到：解决城市的交通问题的根本出路在于优先发展以轨道交通为骨干的城市公共交通系统。

截至目前，我国有约27个城市正在筹备建设城市轨道交通，其中22个城市的轨道交通建设规划已经获得国务院批复。

轨道交通包括了地铁、轻轨、有轨电车和磁悬浮列车等。

4. 轻轨与地铁

轻轨是一种电气化铁路系统，由于轻轨的机车重量和载客量都较小，列车长度、宽度都不及地铁，使用的铁轨质量也较小，每米只有50公斤，而一般铁轨每米的质量为60公斤，由此得名“轻轨”。

地铁是一种电气化铁路系统，运能与轻轨相比较大。它必须有单独的道路；车辆由多节车厢组成，速度及加速都较快；有复杂的信号系统；并需有较高的站台上下客。地铁行驶的轨道一般在地面、地下和高架线上。

从能源使用的角度来说，大多数轨道交通工具都是用电驱动的，低碳、环保。

5. 城市轨道交通产业

城市轨道交通产业包括运营的硬件：轨道、车站与车站设备、车辆与车辆段、供电与牵引、信号与通信系统等；软件方面包括制造管理、运营管理中的安全防护管理、客运组织管理和行车调度等。

地铁车站

客运与调度

6. 船舶制造业

船舶是指能航行或停泊于水域进行运输或作业的工具，按不同的使用要求而具有不同的技术性能、装备和结构形式。船舶在国防、国民经济和海洋开发等方面都占有十分重要的地位。

按交通行为分类：

民用：帆船、纵帆船、远洋班轮、商用船、客运船、货船、驳船、渡轮、铁道车辆渡轮、客货两用船、救助作业船、打捞船、科考船、破冰船、指航船、渔业船、划艇、快艇、摩托艇、赛艇、气垫船。

军用：巡逻艇、缉私艇、布雷艇、扫雷艇、鱼雷艇、轻护航舰、炮舰、巡洋舰、驱逐舰、护航舰、后勤舰、航空母舰和水下潜艇等。

海洋工程：在海洋工程专用船舶方面，我国要重点发展起重铺管船、特大型海上浮吊、风电设备安装船、高性能探测船，并实现自主设计和具备批量建造的能力。

航空母舰

驱逐舰

炮舰

巡洋舰

7. 海洋工程装备

海洋工程装备是指用于海洋资源勘探、开采、加工、储运、管理及后勤服务等方面的大型工程装备和辅助性装备。国际上通常将海洋工程技术装备分为三大类：海洋油气资源开发装备；其他海洋资源开发装备；海洋浮体结构物。海洋油气资源开发装备是目前海洋工程装备的主体，包括各类钻井平台、生产平台、浮式生产储油船、卸油船、起重船、铺管船、海底挖沟埋管船、潜水作业船等。

在海洋工程关键系统和配套设备方面，我国要集中力量研制大功率中压发电机组、动力定位系统、深水锚泊定位系统、自升式平台升降系统、油气钻采和生产设备，并加强国内自主研发和产业化的能力。同时，还要加强海洋风能的开发利用和提高海上风机的研制和安装技术。

8. 工程机械和成套设备制造

主要是风力发电、核电成套设备、低碳清洁能源、垃圾处理与焚烧发电、航空航天、铁路装备、建设领域大型工程机械等产业，制造高档基础零部件、新能源设备、新能源汽车、节能环保设备、海洋工程装备、现代农业装备、工业机器人等。

工业机器人

现代农业装备

海洋工程装备

9. 高端制造产业

高端制造产业是指制造业的高端领域，具体表现为知识、技术密集，体现多学科和多领域高、精、尖技术的交叉与集成，具有高附加值特征，其发展水平决定产业链的整体竞争力。高端制造产业既包括传统制造业的高端部分，也包括新兴产业的高端部分。主要包括航空装备、卫星及其应用产业、轨道交通装备、海洋工程装备、智能制造装备等。主要特点是技术高端、价值链高端、在产业链中的地位高端。

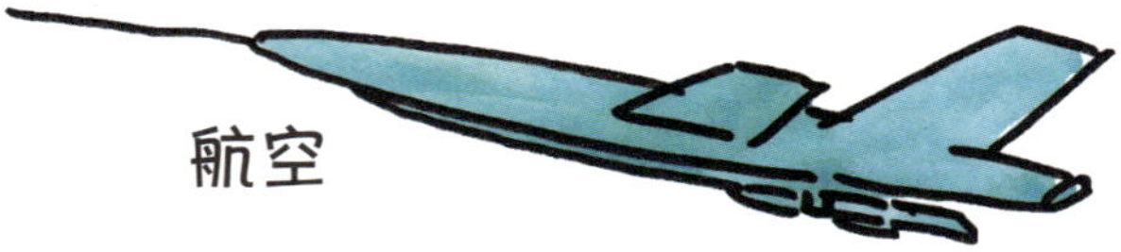

10. 高端智能装备制造

智能制造装备方面，我国将重点推进精密和智能仪器仪表与试验设备、智能控制系统、关键基础零部件、高档数控机床与智能专用装备；在海洋工程装备方面将重点发展勘探、开发、生产、加工、储运装备，海上作业与辅助服务装备，特种资源开发装备，大型海上结构物、海下系统以及关键设备系统等；航空装备方面，将大力发展系列支线飞机，重点突破发动机关键技术装备和空中管理系统；高速铁路方面，将重点研发高速列车、中转列车、城际和城市快捷轨道车辆列车运行控制系统。

后　记

科普改变生活，科技引领未来。按照市委市政府提出的重点发展八大战略性新兴产业的目标要求，我们采取易学、易懂、易记的手法，组织编写了《图说八大新兴产业》科普画册，旨在为全市广大领导干部和市民群众全面了解新兴产业发展的科技知识，增强服务新兴产业发展的自觉性和主动性，进一步提升自身的科学素质，提供一本富有时代特征、推动科学发展、服务民生需求的科普读物。

全民科学素质建设既是激励科技创新、建设创新型城市的内在要求，也是促进社会和谐、实现人的现代化的基础性工程。在市委市政府的正确领导下，我们将充分发挥科技团体和广大科技工作者开展科普工作的主力军作用，坚持以深入实施国务院《全民科学素质行动计划纲要》为抓手，按照“政府推动、全民参与、提升素质、促进和谐”的方针，认真履行苏州市全民科学素质领导小组办公室职责，加大对全市科普工作的统筹协调力度，加快推进“五大重点人群”科学素质工作和《纲要》实施的“四大工程”建设，全面开启我市“十二五”科普工作的新局面。

今年，市科协更加深入推进实施科普惠民实事工程，做好科普“益智、提素、惠民、富民”工作，着重实施“社区科普益民计划”，着重集成科协群团专家智慧，着重开发特色科普资源，推出一批高质量、可读性强、富有苏州特色的科普资源包，以便为市民群众提供更加丰富的科普盛餐。可以说，《图说八大新兴产业》科普画册就是其中之一。在本书编辑出版过程中，得到了苏州市科普促进协会、苏州市计算机学会、苏州市物理学会、苏州市生物医药科技协会、苏州市汽车工程协会奥杰汽车公司科协、苏州职业大学和昆山市科学技术协会等有关单位及社会各界人士的大力支持，他们不吝提供参考资料和精美图片。特别是苏州市漫画协会名誉主席、苏州市科普促进协会会员范其恢先生以精湛的功力、精致的画面展现了现代高科技的魅力。在此，对各位为本书的付梓所作的贡献深表感谢！

《图说八大新兴产业》画册，以独特的视角展现了当今世界新兴科技产业的全貌，以鲜活的漫画形式诠释了苏州八大新兴产业的态势，直接面向干部群众、中小学生、高校学生、社区居民、科研机构和科普工作者人群，让他们在阅读中体验快乐，吸取营养，获得灵感，引起共鸣，进一步激发探求未知、创造未来的力量和源泉。

苏州市科学技术协会党组书记、主席
苏州大学教授、博士生导师 纪顺俊

图书在版编目（CIP）数据

图说八大新兴产业 / 纪顺俊主编. — 苏州 ：古吴轩出版社，2011. 5

ISBN 978-7-80733-659-4

Ⅰ. ①图… Ⅱ. ①纪… Ⅲ. ①新兴产业—图解 Ⅳ. ①F062. 9-64

中国版本图书馆CIP数据核字（2011）第086718号

责任编辑： 唐伟明
潘　毅
装帧设计： 唐　朝
责任校对： 张　蕾
责任照排： 韩雅萍
封面摄影： 查正风

书　　名： 图说八大新兴产业
主　　编： 纪顺俊
出版发行： 古吴轩出版社
地址：苏州市十梓街458号　　邮编：215006
Http://www.guwuxuancbs.com　　E-mail:gwxcbs@126.com
电话：0512-65233679　　传真：0512-65220750
印　　刷： 苏州日报印刷中心
开　　本： 787×1092　1/16
印　　张： 9.5
版　　次： 2011年5月第1版　第1次印刷
书　　号： ISBN 978-7-80733-659-4
定　　价： 35.00元